KB096549

잠재의식의 문을 열고
그 힘을 사용하는 법

HOW TO UNLOCK AND USE THE POWER OF

YOUR SUBCONSCIOUS MIND

수잔 크리에글러 SUSAN KRIEGLER

소진영 옮김

잠재의식의 문을 열고 그 힘을 사용하는 법

부 제 명 |
발 행 일 | 2018년 10 월 1 일
지 은 이 | 수잔 크리에글러 / 소진영 옮김
펴 낸 곳 | 주식회사 부크크
출판등록 | 2014.07.15.(제2014-16호)
주   소 | 경기도 부천시 원미구 춘의동 202 춘의테크노파크2단지 202동 1306호
전   화 | 1670-8316
이 메 일 | info@bookk.co.kr

I S B N | 979-11-272-4912-0

목차

1부. 잠재의식의 힘...5

2부. 잠재의식에게 들려주는 이야기...37

1부

잠재의식의 힘

당신 안에 있는 보물창고

당신은 손닿을 수 있는 곳에 무한한 부를 가지고 있다. 그것을 얻기 위해 할 일은 마음의 눈을 뜨고 내면의 무한한 보물창고를 바라보는 것뿐이다. 거기에는 영광스럽고 즐겁게, 풍요롭게 살기 위해 필요한 모든 것을 꺼낼 수 있는 보고(寶庫)가 있다.

많은 사람들이 내면에 있는 무한한 지성과 끝없는 사랑의 보물창고에 대해 모르기 때문에 자신의 잠재력을 발휘하지 못한다. 무엇을 원하든지 당신은 해낼 수 있다. 자력을 갖게 된 쇳조각은 자기 무게의 12배를 들어 올릴 수 있다. 하지만 자성(磁性)을 잃으면 깃털 하나 들어 올리지 못한다.

마찬가지로, 두 종류의 사람이 있다. 자력을 가진 사람은 자신감과 신념으로 가득 차 있다. 그런 사람은 자신이 성공하고 이기기 위해 태어났다는 것을 알고 있다.

반대로 자력이 없는 많은 사람들이 있다. 그들은 두려움과 의심으로 가득 차 있다. 기회가 다가와도 그들은 이렇게 말한다. "만약 실패하면? 돈을 다 잃게 될지도 몰라. 사람들이 날 비웃을 거야." 이런 사람들은 인생에서 크게 성공하기 어렵다. 두려움이 앞으로 나아가지 못하게 가로막고 지금 있는 곳에 안주하게 만든다.

시대를 초월한 위대한 비밀을 발견하고 활용할 때 당신도 자력을 가진 사람이 될 수 있다.

시대를 초월한 위대한 비밀

누군가 당신에게 시대를 초월한 위대한 비밀을 물었다고 가정해보자. 당신은 뭐라고 답하겠는가? 원자력? 우주여행? 블랙홀? 아니, 이들 중 그 무엇도 아니다. 그렇다면 무엇이 위대한 비밀일까? 어디에서 찾을 수 있을까? 어떻게 파악하고 활용할 수 있을까?

대답은 매우 간단하다. 이 비밀은 잠재의식 속에서 발견되는 기적을 일으키는 위대한 힘이다. 잠재의식은 대부분의 사람들이 거의 들여다보지 않는 영역이며, 그다지 발견되지 않는 이유가 바로 그래서이다.

경이로운 힘

일단 잠재의식에 접촉하고 숨은 힘을 풀어주는 것을 배우면 당신의 인생에 더 많은 힘과 부, 행복과 그 이상의 기쁨을 가져올 수 있다.

이 힘을 얻으려 할 필요 없다. 이미 가지고 있기 때문이다. 하지만 이 힘을 어떻게 사용하는지 배워야 한다. 인생의 모든 분야에 적용할 수 있도록 이해해야한다.

조셉 머피Joseph Murphy의 '잠재의식의 힘THE POWER OF YOUR SUBCONSCIOUS MIND'을 바탕으로 설명하는 간단한 기법과 프로세스를 따르면 필요한 지식과 이해를 얻을 수 있다. 새로운 빛으로 영감을 얻을 수 있으며 희망을 현실화하고 모든 꿈을 이룰 수 있는 새로운 힘을 창출할 수 있다.

  잠재의식 내에는 무한한 지혜와 무한한 힘, 필요한 모든 것의 무한한 공급이 있다. 그것은 당신이 개발하고 표현해 주기를 기다리고 있다. 지금 더 깊은 마음의 이런 잠재력을 인식하기 시작한다면, 그것은 외부세상에서 형태를 갖추게 될 것이다.

무한한 지성

마음을 열고 받아들인다면 잠재의식 속에 있는 무한한 지성이 모든 순간과 공간에서 알아야할 모든 것을 드러낼 수 있다. 새로운 생각과 아이디어를 받아들이고, 새로운 발명과 발견을 하고, 새로운 예술을 창조할 수 있다. 잠재의식의 무한한 지성은 새로운 지식을 줄 수 있다. 그것이 스스로 드러나게 하라. 그러면 완벽한 표현과 삶의 진정한 장소로 이어지는 길이 열릴 것이다.

잠재의식의 지혜를 통해 이상적인 동반자와 사업 파트너, 관련자들을 끌어당길 수 있다. 그 지혜는 필요한 모든 돈을 얻는 방법, 진정으로 바라는 것이 되고, 하고, 갈 수 있는 재정적 자유를 제공할 수 있다.

생각, 느낌, 힘, 빛, 사랑, 그리고 아름다움의 내면세계를 발견하는 것은 당신의 권리다. 비록 보이지는 않지만 그 힘은 강력하다. 잠재의식 속에서 모든 문제에 대한 해결책과 모든 결과의 원인을 찾을 수 있다. 이러한 숨겨진 힘을 끌어내는 법을 배우게 되면 실제로 풍요와 안전, 기쁨과 완성으로 나아갈 수 있는 힘과 지혜를 갖추게 된다.

잠재의식 안에는 고뇌하는 마음과 상처를 치유할 수 있는 기적의 치유력이 있다. 마음의 감옥의 문을 열고 당신을 해방시켜줄 수 있다. 온갖 종류의 물질적 육체적 속박에서 자유롭게 해줄 수 있다.

기반

어떤 분야에서든 전진하고자 한다면 첫 번째 필수 단계가 있다. 그 분야에서 보편적으로 해당되는 기반을 찾아야한다. 잠재의식을 능숙하게 운영하려면 먼저 그 원리를 이해할 필요가 있다. 이해가 이루어지고 나면 결과를 확실하게 얻을 수 있음을 알고 그 힘을 실천할 수 있다. 성취하고자 하는 특정 목적과 목표를 위해 이 힘을 적용할 수 있다.

잠재의식의 원리는 화학과 물리학, 수학의 그것과 별반 다르지 않다. 잠재의식의 힘을 사용하고자 한다면 먼저 그 원리를 이해해야한다.

예를 들어 물질은 가열하면 팽창한다. 이것은 언제 어디서나 어떤 상황에서든 진실이다. 철에 열을 가하면 중국에서든 영국에서든 또는 궤도를 돌고 있는 우주정거장에서든 상관없이 팽창한다. 물질은 가열하면 팽창한다. 이것은 보편적 진리다. 마찬가지로 잠재의식에 인상을 심으면 그것이 무엇이든 상관없이 조건과 경험, 어떤 사건 등으로 우주의 스크린에 나타난다는 것 또한 보편적 진리다. 잠재의식의 원리로 인해 기도는 응답받고 일은 이루어진다. 예를 들어 전기의 중요한 원리 중 하나로 전위(電位)가 높은 곳에서 낮은 곳으로 흐른다는 것이 있다. 전등을 켜거나 전자레인지로 요리할 때. 당신은 전기의 원리를 바꾸지 않는다. 아니 그냥 사용할 뿐이다. 자연의 원리와 협력함으로써 무수한 방법으로 인류를 축복해주는 놀라운 발명품과 발견을 가져올 수 있다.

신념의 법칙

잠재의식의 원리는 신념의 법칙에 따라 작동한다는 것이다. 당신은 신념이 무엇인지, 그것이 어떻게 작용하는지 알아야한다. 성경에서는 간단하면서도 매우 아름답게 표현한다.

"누구든지 이 산더러 들리어 바다에 들어가라 하며 그 말하는 것이 이루어질 줄 믿고 마음에 의심이 없으면 그대로 되라." (마가복음 11장 23절)

마음의 법칙은 믿음의 법칙이다. 이것은 마음이 작동하는 방식을 믿고, 믿음 자체를 믿는 것을 의미한다. 믿음이란 마음속에 있는 생각 그것이며 다른 아무것도 아니다.

　모든 경험과 사건, 상황, 행위는 생각에 대한 반응으로 잠재의식이 만들어낸다. 기억하라. 결과를 가져오는 것은 믿는 객체나 대상이 아니라 마음속의 신념이다. 인류를 괴롭히는 잘못된 신념이나 의견, 미신, 공포를 받아들이지 마라. 결코 변하지 않는 생명의 영원한 진리와 진실을 믿어라. 그 자리에서 당신은 앞으로, 위로, 신을 향해 나아갈 것이다.

　기도는 행동과 반응의 보편 법칙에 따라 응답받는다. 생각은 발단이 되는 행동이다. 반응은 생각의 본성에 상응하는 잠재의식으로부터 나온다. 마음을 조화와 건강, 평화와 친절로 채워라. 그러면 당신의 삶에 경이로운 일이 일어날 것이다.

마음의 이중성

마음은 하나일 뿐이지만 그 하나의 마음에는 별개의 독특하고 독자적인 기능이 담보되어 있다. 두 가지를 구분하는 경계는 마음을 공부하는 이들에게 잘 알려져 있다. 두 마음의 기능은 본질적으로 서로 다르다. 각각에는 자신만의 독특하고 명료한 속성과 힘이 있다.

마음의 두 가지 기능을 구분하기 위해 여러 가지 이름이 사용되어왔다. 객관적인 마음/주관적인 마음, 의식/잠재의식, 깨어있는 마음/잠들어 있는 마음, 표면의 자아/심층의 자아, 자발적 마음/비자발적 마음, 남성적 마음/여성적 마음 등. 이 모든 것은 그 의미가 무엇이든 본질적으로 이원성을 인정하고 있다.

마음의 두 기능을 잘 아는 좋은 방법은 마음을 정원이라고 생각하는 것이다. 그리고 정원사는 당신이다. 당신이 하루 종일 잠재의식에 생각의 씨앗을 심고 있다. 씨앗은 습관적 사고를 기반으로 하기 때문에 대부분 자신이 씨앗을 심고 있다는 의식을 하지 못한다. 잠재의식에 씨를 뿌림에 따라 몸과 환경을 통해 그 열매를 수확하게 된다.

잠재의식을 좋든 나쁘든 온갖 종류의 씨앗이 트고 번성하도록 도와주는 풍요로운 토양으로 상상해보라. 가시나무 씨앗을 심으면 포도를 딸 수 있을까? 엉겅퀴를 심는데 무화과를 수확할 수 있을까? 모든 생각이 원인이고 모든 상황과 조건이 열매이다. 이것이 자신의 생각에 책임을 지는 것이 매우 중요한 이유이다. 이렇게 해서 오직 바람직한 상황과 조건만 가져올 수 있다.

지금 평화와 행복, 올바른 행동, 선한 의지와 번영에 대해 생각하기 시작하라. 조용히 그리고 확신을 가지고 이런 자질들을 생각하라. 의식적으로 그것들을 완전히 받아들여라. 마음의 정원에 이 아름다운 생각의 씨앗을 심어라. 그리하면 영광스러운 수확을 거두게 될 것이다.

내면의 세계

　주변을 둘러보라. 어디에 살든, 자신이 속한 사회가 어떤 곳이든 상관없이 많은 사람들이 살고 있을 것이다. 그러나 좀 더 깨우친 이들은 내면의 세상과 밀접하게 연관되어 있다. 그들은 내면의 세계가 외부의 세상을 창조한다는 것을 깨닫는다(당신도 할 수 있다). 당신의 생각과 감정, 시각화된 이미지는 당신의 경험을 조직하는 원리이다. 오직 내면의 세상만이 유일한 창조의 근원이다. 현상세계에서 발견되는 모든 것은 의식적 또는 무의식적으로 내면의 세계에서 만들어진다.

　외부 상황을 바꾸고 싶다면 원인을 바꿔야한다. 대부분의 사람들은 상황과 조건에 맞춰 애를 씀으로써 상황과 조건을 변경하려고 한다.

이것은 시간과 노력의 낭비다. 사람들은 상황이 원인에서 흘러나온다는 것을 알지 못한다. 부조화와 혼란, 결핍과 제약을 없애려면 원인을 제거해야한다. 원인은 당신이 의식과 생각, 이미지를 사용하는 방식에 있다. 원인을 바꾸면 결과가 달라진다. 이렇게 간단한 것이다.

우리는 헤아릴 수 없을 정도로 무한한 부의 바다에 살고 있다.

잠재의식은 의식적 사고에 매우 민감하다. 의식적 사고는 자재의식의 무한한 지성과 지혜, 생명력, 에너지의 흐름을 통해 매트릭스를 형성한다. 그러므로 보다 긍정적인 방향으로 매트릭스를 형성하고 그 무한한 에너지를 자신에게 유리한 방향으로 전환시켜라.

위대한 테너 엔리코 카루소Enrico Caruso는 한 때 무대공포증에 시달렸다. 강한 두려움이 인후의 근육을 수축시켰다. 성대가 마비된 느낌이었다. 그는 무대 뒤에 서서 기다리는 동안 비 오듯이 땀을 흘렸다. 덜덜 떨면서 그는 말했다. "내 안의 '작은 나'가 '큰 나'를 조롱하고 있구나!"

　그는 의상실로 돌아갔다. 그러다가 갑자기 다시 무대를 향해 돌아서서 자신감 있게 말했다. "여기서 나가." 그는 '작은 나'에게 명령했다. "'큰 나'는 나를 통해 노래하고 싶어 한다." '큰 나'란 잠재의식의 무한한 힘과 지혜를 의미하는 것이었다. 그는 소리를 지르기 시작했다. "나가라, 나가. '큰 나'가 노래를 부를 것이다!"

배의 주인

선장은 배의 주인이며 그의 명령은 수행된다. 마찬가지로 의식이 당신의 몸과 환경, 모든 일의 선장이며 주인이다. 잠재의식은 의식이 사실로 믿고 수용하는 것을 근거로 당신이 내리는 명령을 받든다. 잠재의식은 명령이나 그 근거에 대해서 의문을 제기하지 않는다.

당신은 의식으로 생각한다. 그리고 무엇이든지 습관적으로 생각하는 것이 잠재의식 속으로 가라앉을 때 그것은 생각의 본성에 따라 창조된다. 또한 잠재의식은 감정의 자리이며 창조적인 마음이다. 선을 생각하면 선이 따라오고, 악을 생각하면 악이 따라올 것이다.

가장 중요하게 기억해야할 점은 이것이다. 일단 하나의 생각을 받아들이면, 잠재의식은 그것을 실행하기 시작한다. 잠재의식의 법칙이 선악을 불문하고 똑같이 작용한다는 것은 놀랍고도 미묘한 진리이다. 이 법칙이 부정적으로 적용되면, 실패와 좌절, 불행의 원인이 된다. 그러나 습관적인 사고가 조화롭고 건설적이면 건강과 사랑, 성공과 번영을 경험하게 된다.

생각이 잠재의식에 전달되면 뇌세포에 인상이 새겨진다. 잠재의식이 생각을 받아들이면 곧바로 효과를 나타낸다. 생각의 연관성을 따라 작업하면서 잠재의식은 당신의 평생 동안 모은 모든 지식을 이용하여 목적을 달성한다. 그것은 무한한 힘과 에너지와 지혜를 끌어낸다. 자연의 모든 법칙을 목적달성의 길로 인도한다. 때로는 즉각적인 결과를 보이기도 하고 또 때로는 하루나 일주일, 또는 그 이상의 시간이 소요될 수도 있다.

의식과 잠재의식은 두 가지 별개의 마음이 아님을 기억해야한다. 하나의 마음 안에서 활동하는 두 영역에 지나지 않는다. 의식은 추론하고 이성(理性)을 활용하며 선택하는 마음이다. 모든 결정은 의식으로 이루어진다.

반면에, 의식적 선택 없이 이루어지는 심장의 박동이나 소화, 피의 순환, 호흡 등은 모두 잠재의식이 수행하는 기능들이다.

생각의 정원

　잠재의식은 의식적으로 믿는 것이나 깊이 인상 새겨진 것을 받아들인다. 의식하는 것처럼 추론하거나 논쟁하지 않는다. 그것은 좋건 나쁘든 간에 모든 종류의 씨앗도 허용하는 토양과도 같다. 생각이 곧 씨앗이다. 부정적이고 파괴적인 생각은 잠재의식 속에서 부정적으로 작동한다. 조만간에 그것은 그 내용에 부합하는 외적 경험으로 모습을 드러내게 된다.

　잠재의식이 암시에 얼마나 수용적인지 묘사해보자. 숙련된 최면술사가 피험자 중 한 사람에게 당신이 나폴레옹이나 고양이 또는 개라고 최면을 걸면, 상대방은 십중팔구 거의 그렇게 행동할 것이다. 그의 인격은 당분간 바뀌게 된다. 그는 최면술사가 뭐라고 말하든 그대로 믿는다.

숙련된 최면술사는 최면에 걸린 사람들에게 등이 가렵다거나, 석상이 되라고 하거나, 코에서 피가 나거나, 기온이 영하로 떨어져 매우 춥다는 등의 암시를 걸 수 있다. 그러면 각각의 피험자는 최면 암시와 전혀 관련 없는 모든 주변 환경을 망각하고 최면술사의 특정한 암시를 따를 것이다.

이것은 잠재의식의 비인간적이고 수용적인 본질을 보여준다. 잠재의식은 의식이 진실이라고 믿는 것이면 무엇이든지 수용한다. 따라서 자신의 영혼을 축복하고, 치유하고, 영감을 주고, 기쁨으로 가득 채워주는 생각과 전제, 아이디어를 선택하는 것이 중요하다.

삼단논법의 힘

고대 그리스 시대부터 철학자들은 삼단논법이라고 하는 형태의 추론을 연구했다. 마음은 삼단논법으로 합리화된다. 실용적인 측면에서 이것은 특정한 전제가 주어지면 잠재의식은 전제를 따라오는 어떤 결론이든지 받아들인다는 것을 의미한다. 전제가 사실이면 결론도 사실이어야 한다.

예를 들어,

모든 미덕은 칭찬할 만한 가치가 있다.
친절은 미덕이다.
그러므로 친절은 칭찬할 만한 가치가 있다.

당신은 다음과 같은 주요 전제나 핵심 신념을 가질 수 있다. "내가 손대면 모든 게 잘못된다.", "나에게는 자격이 없어.", "인생은 불공평해.", "누구도 날 사랑하지 않을 거야.", "난 이길 수 없어.", "나는 극단적인 사람이야." 등. 인생을 바꾸려면 생각에 새로운 전제를 세울 필요가 있다. 잠재의식의 무한한 지성이 영적으로, 정신적으로, 감정적으로, 그리고 물질적으로 당신을 인도하고 지시하고 번영케 하고 있다는 확신을 사실로 받아들여야한다. 이렇게 하면 잠재의식이 자동으로 모든 결정을 현명하게 이끌고, 몸을 치유하고, 관계를 개선하고, 마음을 평화와 평온으로 회복시킨다.

자신의 삶이 어떻게 되었으면 하는지 전반적인 그림을 작성하라. 가슴으로 그리고 한 번에 5~10분씩, 하루에 3~4회 조용하고 천천히, 그리고 애정을 담아 반복하라. 깊게 숨을 쉬고 시각화하면서 그 내용과 관련된 단어와 아름다운 이미지가 잠재의식 속 깊이 침잠하고 있음을 느껴보라. 아침에 잠에서 깨어나자마자 눈을 뜨기 전에, 그리고 밤에 잠들기 전에 이것을 하면 특히 유익하다. 이때와 완전히 이완될 때면 언제든지 의식과 잠재의식 사이의 출입구가 가장 크게 열리고 당신이 뿌리는 씨앗은 비옥한 땅을 찾을 것이다.

평화롭게 잠들고 기쁘게 깨어나라

인간은 평균적으로 하루 24시간 중 여덟 시간, 인생의 3분의 1을 잠으로 보낸다. 이것은 움직일 수 없는 삶의 법칙이다. 잠은 신성한 법칙이며, 잠들어 있을 때 우리 문제에 대한 많은 대답이 우리에게 온다. 사실 진정으로 잠드는 것은 아무것도 없다. 수면 속에 있다고 해도 심장과 폐 등 모든 중요한 기관들은 쉬지 않고 활동한다. 잠재의식은 절대로 쉬지 않으며 잠들지도 않는다. 항상 활동하고 있으며 모든 중요한 프로세스를 관장한다. 수면 중에는 의식의 간섭을 받지 않으므로 치유 과정이 더 빠르게 진행된다.

잠자는 동안 놀라운 대답이 주어진다.

우리가 자는 주된 이유는 존 비겔로우John Bigelow가 공식

화했다. 그는 우리의 "영혼의 고귀한 부분이 더 높은 본성과 통일되고 신의 예지와 지혜에 참여하기 위해" 잠을 잔다고 했다.

하루 종일 의식은 짜증과 투쟁, 논쟁에 시달린다. 의식은 증거와 객관세계에서 물러나 조용히 잠재의식의 지혜와 의견을 나눌 필요가 있다. 꿈을 통해 작용하는 잠재의식의 지도와 힘, 보다 위대한 지성에 귀를 기울이고 상의함으로써 모든 어려움을 극복하고 일상의 모든 문제를 해결하는 것이 가능하다.

기도나 명상도 잠의 한 형태가 될 수 있다. 정기적으로 감각적 증거와 일상의 소음, 혼란으로부터 물러나는 것은 감각의 세계를 침묵시키고 잠재의식의 지혜와 능력을 살린다는 의미가 된다.

미래는 습관적 사고의 결과물이다. 집중된 명상, 치유 확언, 창조적 시각화나 기도 등을 통해 습관적 사고를 바꾸지 않는 한, 미래는 이미 당신의 마음속에 있는 그대로일 것이다.

그 무엇도 미리 결정되거나 예언된 것은 없다. 생각과 느낌, 신념과 같은 정신적 태도가 운명을 결정한다. 당신은 기도나 명상, 확언과 시각화 등을 통해 당신의 미래를 창조할 수 있다.

잠자는 동안 치유와 인도, 올바른 행동을 기도한다면 잠재의식의 지혜가 당신을 가르치고 보호할 수 있다. 잠자기 전에 시각화와 결합된 기도나 긍정적 확언을 자장가처럼 반복하라.

그리고 아침에 눈을 뜨기 전에 기억할 수 있는 꿈이나 의식에 떠오르는 생각, 이미지에 주목하라. 잠재의식은 모든 것을 기억하고 모든 것을 알고 있다. 그것은 종종 의식이 곧바로 이해하지 못할 수도 있는 목소리로 말할 것이다. 때문에 꿈의 상징적 언어를 이해하기 위해 테레사 청Theresa Cheung의 꿈사전Dream Dictionary와 같은 책을 참고하는 것도 좋은 방안이 될 수 있다.

2부

잠재의식에게
들려주는 이야기

아름다운 삶

나는 내 마음의 바퀴다. 나는 긴장을 풀고 내려놓는다. 그리고 조용히 확언한다.

절대적인 사랑과 지극히 선한 무한한 지성이 모든 면에서 나를 인도한다.

완벽한 육체적, 정서적, 영적 웰빙은 나의 자연스러운 상태이며, 조화와 균형의 법칙이 내 몸, 내 마음, 나의 의식과 나의 모든 관계에 작용한다.

아름다움과 사랑, 평화, 풍요는 나의 것이다.

올바른 행동과 신성한 질서의 원칙이 나의 인생 전체를 지배한다.

나는 나의 주된 전제가 삶의 영원한 진리에 기반을

두고 있음을 알며, 잠재의식이 나의 의식적 사고의
본성에 따라 반응한다는 것을 알고, 느끼고, 믿는다.

꿈을 이루기

내게 이 욕망을 준 무한한 지성이 나의 욕망을 펼칠
수 있는 완벽한 계획으로 나를 이끌고 인도하며
계시한다.

나는 잠재의식의 지혜가 지금 반응하고 있으며, 내가
느끼고 주장하는 것이 외적 세상으로 표현된다는 것을
안다.

내 안에 균형과 조화, 평화가 있으며 따라서 그것은 내
삶의 모든 영역에 존재한다.

문제 해결

잠재의식의 더 높은 권능은 해답을 알고 있다.

그것은 지금 내게 응답하고 있다.

나는 내 안에 존재하는 무한한 지성이 모든 것을 알고 있고, 이제 내게 완벽한 답을 드러내고 있음을 알기에 그에 감사한다.

나의 진정한 확신은 이제 내 삶을 위한 신성하고 위엄 있는 목적과 영광을 자유롭게 설정하고 있다.

그러므로 나는 크게 기뻐한다.

건강

내 몸과 내 안의 모든 기관은 무한한 지성에 의해
만들어졌으며 무한한 지성은 나를 치유하는 방법을
알고 있다.

그 지혜는 나의 모든 장기와 조직, 근육과 뼈를
만들었다.

내 안에 있는 이 무한한 치유력이 이제 내 몸의 모든
세포를 변형시켜 나를 더욱더 완전하고 완벽하게
만든다.

나는 이 순간 치유가 일어나고 있음을 알고 그에
감사드린다.

나의 창조주의 작품은 너무도 경이롭다.

성공과 풍요

나는 잠재의식의 부와 하나이다. 나의 잠재의식은
무한히 풍요로운 하나님과 하나이다.
내 삶의 모든 영역에서 부자가 되고 행복해지고
성공하는 것은 나의 권리이다.
모든 형태의 부가 자유롭고, 풍요롭고, 끝없이 내게로
흘러든다.
나는 내 진정한 가치를 영원히 의식한다.
나는 나의 재능을 자유롭게 주고 재정적이고
정서적으로, 그리고 영적으로 축복받는다. 아름답고
경이롭게.

이상적인 파트너

나는 이제 나와 완벽하게 일치하는 이상적인 파트너를
끌어당긴다.

이것은 영적 결합이다. 왜냐하면 이것은 내가 아름답게
연결하는 누군가의 품성을 통해 작용하는 신성한
사랑이기 때문이다.

나는 우리가 함께 성장하고 창조의 목적대로 완전히
성숙한 존재가 될 때 서로에게 사랑과 빛, 평화와
기쁨을 가져올 수 있음을 안다.

나는 우리가 서로를 보완하고 완성하며 성취할 수
있음을 믿고 느낀다.

나는 이제 나의 파트너가 영성과 충성, 신실함,

진실함과 같은 자질과 속성을 가지고 있다고 선언한다.

나의 완벽한 파트너는 조화롭고 평화로우며 현명하고 행복하다.

우리는 서로에게 저항할 수 없이 끌린다.

사랑과 진리와 아름다움에 속한 것만이 내 경험 속으로 들어올 수 있다.

나는 지금 나의 이상적인 파트너를 받아들인다.

평화로운 수면

발가락의 긴장이 풀린다. 발목이 편안하다. 배가
편안하고 심장과 폐의 긴장이 풀린다. 손과 팔의
긴장이 사라지고 목이 편안하다. 뇌가 편안하고 눈이
편안해진다. 온 마음과 몸이 편안하다.
나는 모든 사람을 자유롭게 완전히 용서한다. 그리고
그들에게 조화와 건강, 평화와 인생의 모든 축복을
진심으로 기원한다.
나는 평화롭고 평온하며 잔잔하고 고요하다.
나는 평화롭고 안전하게 휴식을 취한다.
큰 고요가 나를 감싸고 위대한 침묵이 나를 적시면서
나는 내 안에 임재한 위대한 신성을 깨닫는다.

나는 생명과 사랑의 실현이 나를 치유한다는 것을
안다.
모두를 위한 선이 가득 찬 사랑의 이불로 나를 감싸고
잠이 든다.
밤에는 평화가 나와 함께하고, 아침에는 생명과 빛,
사랑이 나를 가득 채운다.
사랑의 원이 나를 둘러싼다.
나는 악을 두려워하지 않는다.
나는 평화롭게 자고 기쁨 속에서 깨어난다.
나는 살고, 움직이고, 존재한다.

행복

신성한 질서가 오늘 그리고 매일 나의 삶을 담당한다.

오늘 모든 것이 나를 위해 함께 이루어진다. 오늘은

나를 위한 멋진 날이다.

나는 이 날을 은혜와 축복으로 감사하며 기쁘게

받아들인다.

하루 종일 신성이 나를 인도하며, 내가 하는

무엇이든지 번영한다.

신성한 사랑은 나를 둘러싸고, 나를 감싸고, 나를

포용한다. 그 속에서 나는 평화롭게 나아간다.

주의가 선과 바람직한 것에서 멀어질 때마다, 나는

곧바로 사랑과 선을 묵상하는 것으로 돌아간다.

나는 나를 축복하고 번영시키는 모든 것을
끌어당기는 정신적이며 영적인 자석이다.
오늘 나의 모든 생각과 행동은 축복받으며 다른
사람들도 내가 말하고 행하는 것에 축복받는다.
나는 밝고 즐겁고 차분하고 고요하다.

충만한 삶

잠재의식의 무한한 지성이 내 삶의 진정한 목적과

자리를 내게 알려준다.

스트레스

내 직장에서 일하는 모든 사람들은 정직하고 진실하며
협조적이며 충실하며 모든 것에 선의로 가득 차 있다.
그들은 이곳의 성장과 복지, 번영의 사슬에서
정신적이고 영적인 연결 고리이다.
나는 생각과 말, 행동에 사랑과 평화, 친밀함을 담아
동료와 회사의 모든 사람들에게 전한다.
나의 직장은 모든 사업에서 신성한 인도를 받는다.
잠재의식의 무한한 지성이 나를 통해 모든 결정을
내린다.
모든 비즈니스 거래와 관계에는 올바른 행동만이
존재한다.

나는 사랑과 평화와 친밀함의 메시지를 모든 이들에게
방사한다.
평화와 조화가 나를 포함하여 직장의 모든 사람들의
마음과 가슴을 다스린다.
나는 믿음과 확신, 신뢰로 가득한 새 날을 향해
나아간다.

일

모든 일에서 잠재의식의 무한한 지성이 나를 통해
일한다.
나는 신념과 자신감, 겸손으로 삶의 진정한 목적과
내가 있어야할 자리를 드러내는 천재성과 지성,
영감으로 축복받는다.
내가 제공하는 서비스는 비범하고 효율적이며 우수하고
창조적이다.
모든 방향에서 내 일에 대한 많은 수요가 있다.
나는 최고 수준의 독창적인 디자인 솔루션을 제공하며,
고객은 내가 제공하는 서비스에 만족하고 기뻐한다.
나는 일에서 만족과 기쁨을 누리며 그에 대한 대가를

충분하며 풍요롭게 돌려받는다.

나를 둘러싼 고객과 동료들은 서로를 존중하고 힘을
실어주며, 사랑과 보상의 사슬에서 연결되어있다.

나는 동료와 사회로부터 이 일을 수행할 수 있는
합법적인 권한을 얻고 공인받는다.

나는 일을 경이롭고 쉽게 그리고 아름답게 해내고
인정받음으로써 내 존재 깊은 곳까지 만족하고
성취감을 느낀다.

평화와 조화가 나를 포함하여 함께 일하는 모든
사람들의 마음과 가슴을 다스린다.

나는 믿음과 확신, 신뢰로 가득한 새 날을 향해
나아간다.

아름다운 결혼

하나님은 내 안에 있는 무한한 지성과 완전한
사랑이다.
내 안에는 사랑과 빛과 창조주의 모든 힘이 있다.
이곳에서 나는 내 모든 관계와 결혼생활을 창조한다.
나는 서로를 기르고 지지하며, 애정과 수용의 형태로
사랑을 창조한다.
나는 이 사랑의 멋진 에너지에 집중하고 감사드린다.
사랑받지 못한다고 느낄 때, 나는 이것을 용서를
배우는 기회로 사용한다.
나는 결코 고통스러운 감정으로 파트너에게 상처를
입히지 않는다. 오히려 그 시간을 자신을 사랑하고

기르며 지시하고 수용하는 것을 실천하라는 가르침으로
본다.

나는 파트너를 사랑하며, 사랑은 내가 필요로 하는
것이 아니라 나의 존재가 곧 사랑임을 알면서 하나님이
우리를 자유롭고 관대하게, 무조건적으로 사랑하시는
것처럼 나 자신을 사랑한다.

아멘.

아름다운 섹스

나는 관대하고 개방적이며 사랑스러운 동반자와
풍요롭고 충만한 성관계를 즐긴다.
우리는 친밀감과 즐거움, 엑스타시를 공유한다.
나는 믿고 안전함을 느끼며 내 취약점을 드러낼 수
있다.
우리는 안전하고 하나된 공간 안에서 서로의 매력에
자극받는다.
서로를 탐험하고 쾌락과 만족을 즐기는 것은 삶과
사랑, 우리 자신 그리고 서로에 대한 우리의 기쁨을
표현한다.

빛나는 인간관계

내 안에는 사랑과 빛의 힘이 있다.

이 자리에서 나는 내 삶과 친밀한 관계를 창조한다.

나는 평등하고 호혜적인 인정, 보살핌, 양육, 지원,

애정, 해방의 형태로 사랑을 창조한다.

나는 이 멋진 사랑에 집중하면서 주고받는다.

나는 지금 모든 과거와 어린 시절의 나 자신과 사랑과

인간관계의 본질에 대한 오해를 모두 풀어놓는다.

나는 이미 내 안과 주변에 있는 사랑을 수많은

방법으로 축하한다.

나는 내 자신을 사랑하는 것처럼 사랑받는다.

자유롭고 관대하게, 무조건적으로 사랑하고 사랑받는

것은 나의 진정한 본성이다. 사랑은 지금 현존해
있으며 내가 필요로 하는 것이 아니라 내 자신이 곧
사랑임을 나는 안다.

소울메이트

나는 이제 깨달음의 여행에서 나를 완벽하게 지원하는
인생의 파트너를 끌어당긴다.
이것은 영적 결합이다. 왜냐하면 그것은 진정한 영혼을
가진 이의 성품을 통해 작용하는 보편적 사랑이기
때문이다.
나는 내가 온전하고 사랑스럽다는 것을 알고 있으며,
내 삶을 사랑하는 동반자와 동종의 정신으로 나눌
인간적 욕망을 인정한다.
우리는 인생의 교훈을 배우기 위해 필요한 공간을 서로
나눌 수 있다.
나는 이제 나의 파트너가 영성과 충성, 신실함,

진실함과 같은 자질과 속성을 가지고 있다고 선언한다.

나의 완벽한 파트너는 조화롭고 평화로우며 현명하고 행복하다.

우리는 서로에게 저항할 수 없이 끌린다.

사랑과 진리와 아름다움에 속한 것만이 내 경험 속으로 들어올 수 있다.

나는 지금 나의 이상적인 파트너를 받아들인다.

동생을 위한 기도

이것은 내 동생 캐서린을 위한 기도입니다.

그녀는 편안하고 평화로우며 균형이 잘 잡혀 있고
고요하고 차분하다.
그녀의 몸을 창조한 잠재의식의 치유 정보가 지금
그녀의 DNA에 새겨진 완벽한 패턴을 따라 그녀의
모든 세포와 신경, 조직, 근육과 뼈를 바꾸고 있다.
조용하고 고요하게 잠재의식의 모든 왜곡된 생각은
제거되고 해체되며, 생명의 원리와 활력, 완전함과
아름다움이 그녀의 모든 세포에서 나타난다.
그녀는 이제 그녀를 통해 강물처럼 흐르는 치유의

물결에 온 몸과 마음을 열고 수용하여 완벽한 건강과
조화, 평화로 회복된다.

모든 왜곡과 추한 이미지는 이제 그녀를 통해 흐르는
무한한 사랑과 평화의 파도로 씻겨 내려간다. 참으로
그러하다.

사람을 놓아 보내기

나는 이 사람을 하나님에게로 풀어놓는다.

그는 언제나 진정으로 있어야할 자신의 자리에 있다.

나는 자유롭고 그도 자유롭다.

완벽한 기억

나는 잠재의식이 기억의 완벽한 창고임을 깨닫는다.

잠재의식은 내가 읽고 들은 모든 것을 저장한다.

나는 내가 쓰고자하기만 하면 마음대로 이용할 수 있는
완벽한 기억력을 가지고 있다.

잠재의식의 무한한 지성은 내 모든 시험에서 알아야 할
모든 것을 끊임없이 내게 드러낸다.

나는 모든 선생님들과 동료들에게 사랑과 선의를
전파한다.

나는 진심으로 그들의 성공과 행운을 바란다.

새 집

잠재의식의 무한한 지성은 모든 면에서 현명하다.

그것은 내 모든 필요를 충족시키고 내가 감당할 수

있는 이상적인 집을 내게 알려준다.

나는 이제 이 요구를 나의 잠재의식에게 전하고 있다.

나는 잠재의식이 내 요청의 본질에 따라 반응한다는

것을 안다.

나는 농부가 수확의 법칙에 절대적으로 의지하면서

씨앗을 심는 것과 같이 절대적인 믿음과 확신을 가지고

이 요구를 풀어놓는다.

잠재의식으로부터 인도받는 법

몸과 마음을 고요히 한다. 몸에게 긴장을 풀라고
말하라. 몸은 복종하게 되어 있다.

몸에는 의지나 주도권, 자의식이 없다.

몸은 신념을 기록하는 감정적 디스크일 뿐이다.

주의를 동원하라. 문제의 해결책에 생각을 집중하라.

먼저 의식적으로 해결책을 찾으려고 노력하라.

완벽한 솔루션을 찾으면 얼마나 행복할까?

완전한 답이 지금 당신의 것이라면 느끼게 될 감정과
기분을 느껴보라.

편안한 마음으로 이 행복하고 만족스런 분위기를
즐겨라. 그런 다음 잠 속으로 들어가라.

잠에서 깼을 때 아무 답이 없다면 그냥 다른 일을
하며 바쁘게 지내라.
다른 무언가에 몰두하는 동안 해결책이 당신의 마음을
찾아올 수 도 있으니까.

모든 문제에 적용하기

잠재의식의 창조적 지성은 나를 위해 무엇이
최선인지를 알고 있다.
그 성향은 항상 생명과 사랑, 조화, 완벽을 향하며
나와 관련된 모든 이들에게 축복이 되는 올바른 결정을
알려준다.
내 안에 있는 무한한 지능은 모든 것을 알고 있다.
신성한 질서에 의해 올바른 결정이 내게 계시된다.
나는 그것이 올바른 대답임을 인식한다.
나는 해답이 이미 내 안에 있음을 알고 감사드린다.

공포증 치유

나는 자유롭고 고요하게, 깊고 천천히 호흡한다.

숨을 내쉴 때마다 나는 차분하고 부드러운 목소리로 나
자신에게 긴장을 풀라고 말한다.

숨을 내쉬고 들이쉬기 전에 나는 친절하고
사랑스러운 목소리로 이제 내려놓을 수 있다고 내게
말한다.

그런 다음 침착하고 자신감 있게 확언한다.

하나님의 완벽한 평화가 나를 통해 표현된다.

하나님의 완전한 사랑이 내 주변의 모든 것에
표현된다.

완벽한 안전이 지금 내 잠재의식을 채우고 있다.

엘리베이터나 비행기, 방은 모두 하나님의 마음에서
나온 훌륭한 아이디어다.

그것은 사용하는 모든 사람에게 선물이며 축복이다.

그것은 훌륭한 서비스를 제공하며 신성한 질서에 의해
운영된다.

나는 평화와 신뢰, 기쁨으로 엘리베이터를 타고
비행기에 오르며 방에 들어간다.

생명과 사랑, 이해의 흐름이 나의 생각을 흘러가는
동안 나는 고요하고 차분함을 유지한다.

상상 속에서 나는 지금 엘리베이터, 비행기, 방안에
있고 나는 안전하고 평온하다.

엘리베이터, 비행기, 방안에는 조용하고 친절한
사람들로 가득 차 있다.

나는 그들과 이야기하고, 나를 포함한 모든 사람들이
평온하고 즐거우며 자유롭다.

그것은 자유와 신념, 자신감의 훌륭한 경험이다.

나는 하나님께 감사드린다.

분노를 용서로 대체하기

나는 (......)을 완전하고 자유롭게 용서한다.

나는 정신적으로, 감정적으로 그리고 영적으로 그를
풀어준다.

나는 그 문제와 관련된 모든 것을 완전히 용서한다.

나는 자유롭고 그도 자유롭다.

이것은 놀라운 느낌이다.

오늘은 이렇게 서로를 해방시키는 날이다.

나는 지금까지 내게 상처를 준 모든 이들을 풀어주고

모두를 위해 건강과 부, 행복과 평화를 기원한다.

나는 자유롭고 즐겁게, 사랑을 담아 이렇게 한다.

나를 해치는 사람을 생각할 때마다 나는 말한다.

"나는 당신을 풀어줬고 삶의 모든 축복은 당신의
것이다."

나는 자유롭고 그들도 자유롭다.

모든 것이 아름답다!

걱정을 평화로 대체하기

내 마음은 평화와 균형, 조화로 가득 차 있다.

우주의 무한한 사랑은 내 안에서 미소를 지으며

사방으로 뻗어나간다.

나는 과거, 현재 또는 미래의 어떤 것도 두려워하지

않는다.

내 잠재의식에 있는 하나님의 무한한 지성이 모든

면에서 나를 인도하고 보호한다.

트라우마

내 삶에서 일어난 일로 인해 손상되고 파괴된 내
마음의 정원을 조사하면서, 나는 이제 내 안에 있는
무한한 치유력을 주장하고 다시 연결한다.

나의 잠재의식에 머무는 창조와 복원의 원리인
하나님의 은총을 통해 나는 이제 마음속의 두려운
생각이 모두 지워짐을 선언한다.

이제 내 정원의 비옥하고 풍요로운 땅에 신성한 빛의
기적의 씨앗이 심어져 있다.

이 씨앗을 통해 나는 꽃밭에서 자라는, 나의 의지의
강하고 아름다운 나무가 신의 의지를 표현하며 새롭고
생명을 확증하는 생각과 감정을 창조한다는 것을 안다.

나는 이제 생명과 빛, 사랑, 아름다움, 안전, 선의와
평화가 뿌리를 내리고 내 마음의 정원에서 번성하도록
허용한다.

슬픔

나는 이제 긴장을 풀고 고통스러운 감정의 흐름이 나를
통해 흐르도록 허용한다. 이 고통의 힘이 내 안의 가장
깊은 곳에 존재하는 신성한 생명의 치유력 이외에
아무것도 아님을 안다. 이 치유력이 나를 평온한
수용과 위로와 사랑, 기쁨의 회복으로 나를 이끌고
있다.
나는 모든 긴장을 풀고 생명의 흐름이 두려움의 상실과
슬픔에서 나를 붙잡는 장벽을 통과하도록 허용한다.
나는 마음을 부드럽게 하여 슬픔의 강물이 나를
부드럽게 앞으로 밀고 참되고 영원한 존재인 내 안에
있는 생명과 사랑, 평화의 무한한 바다로 돌려보내고

있음을 절대적으로 확신한다.

상실

나는 이제 내 존재와 우주 전체의 원천인 생명의
무한한 바다가 전적으로 현명하며 완전히 사랑스럽고
아름다우며 풍요로움을 확언한다.

그 기적과 같은 은총 속에서 더 이상 내게 봉사하지
않는 것만 제거한다.

어떤 것도 사라지지 않는다. 오직 형태만 달라질
뿐이다.

나의 눈과 마음이 눈물로 정화됨에 따라, 나는 모든
방향으로 열리는 생명과 사랑, 빛, 기쁨과 평화로
향하는 문을 본다.

새로운 나

나는 나의 잠재의식에는 의식적인 자아보다 훨씬 더
훌륭하고 신성한 내가 있다는 것을 안다.
나는 이제 나의 진실한 존재의 빛, 아름다움, 힘과
사랑, 그리고 평화가 온전히 태어나고 내 삶의 모든
영역에서 빛을 발할 수 있도록 허용한다.
나의 참나는 하나님의 이미지와 형상으로 창조되었다.
나는 하나님의 지혜에 인도된다.
나는 하나님의 은혜로 축복받는다.
나는 하나님의 평화로 위안 받는다.
나는 하나님의 영광을 입는다.
나는 하나님의 사랑 안에 감싸여있다.

사랑의 바다

내 존재의 중심에는 무한한 사랑의 바다가 있다.

나는 이제 이 사랑이 표면으로 떠오르도록 허용한다.

그것은 내 가슴과 몸, 마음, 의식, 나의 모든 존재를

채우고 모든 방향으로 뻗어나간 다음 다시 내게로

돌아온다.

더 많은 사랑을 사용하고 줄수록, 더 많이 줄수록,

공급은 끝이 없어진다.

사랑을 줄수록 기분이 좋아지며 내면의 기쁨이

나타난다.

나는 나 자신을 사랑하고 내 몸을 돌본다.

나는 사랑을 담아 내 몸에 음식을 먹이며, 사랑을 담아

몸을 단장하고 옷을 입는다. 내 몸은 활기찬 건강과
에너지, 사랑으로 응답한다.

나는 나 자신을 사랑한다. 그러므로 나는 나 자신에게
편안하고 안전하며 아름다운 집을 제공한다. 내 집은
내 모든 필요를 채우고 즐거움을 선사한다.

나는 모든 방을 사랑의 진동으로 채운다. 내 집에
들어있는 모든 사람들이 이 사랑을 느끼고 그로 인해
좋은 영향을 받게 된다.

나는 나 자신을 사랑한다. 그러므로 나는 진정으로
즐기는 일, 즉 나의 창조적 재능과 능력을 사용하고
사랑하는 사람들과 함께 일하고 멋진 수입을 올리는
일터에서 일한다.

나는 나 자신을 사랑한다. 그러므로 나는 내가
사랑하고 존중하고 소중히 여기는 사람들과 친밀한
관계를 맺는다.

우리의 사랑은 우리를 위한 안식처이며 가족과 친구들
모두에게 축복이 된다.

나는 나 자신을 사랑한다. 그러므로 나는 사랑의
방식으로 행동하고 생각한다. 내가 주는 것은 크게

배가되어 다시 내게 돌아오기 때문이다.

나는 사랑하는 사람들을 나의 세계로 끌어당긴다.

그들은 모두 나의 거울이다.

나는 나 자신을 사랑한다. 그러므로 과거, 과거의 모든 경험을 용서하고 완전히 놓아 보내고 자유로워진다.

나는 나 자신을 사랑한다. 그러므로 지금 이 순간에 살며 매 순간을 좋게 바라본다. 나는 나의 미래가 밝고 즐겁고 안전하다는 것을 안다. 나는 우주의 사랑하는 자녀이며, 우주는 지금 그리고 앞으로도 영원히 나를 보살핀다.

진실로 그러하다.

사람은 생각하는 그대로 된다

마음은 형태를 빚고 만드는 주된 힘이다. 그리고
사람은 마음이다. 사람은 항상 생각이라는 도구를
취해서 원하는 것을 만들어내며 수천 개의 기쁨과 수천
개의 질병을 가져온다. 마음으로 생각하는 것은 밖으로
드러나게 되어 있다.

환경은 그의 거울에 다름 아니다.